Kirstin Breitenfellner

Gedichte ohne ich. Sonette

Wo sind die Grenzen des Ich? Gibt es ein Ich ohne die anderen? Bin ich wir? In Krisenzeiten wird dieses Wir zumindest übermächtig. In ihrem neuen Band erkundet Kirstin Breitenfellner das Ich und knüpft thematisch und inhaltlich an die *Gemütsstörungen* (2019) an – in denen ein Du im Zentrum steht. Auch in *Gedichte ohne ich* wählt die Autorin wieder die Form des klassischen Sonetts. Die Texte wenden sich nach innen und begeben sich auf die Suche nach einem festen inneren Kern, während sie Essenzen umkreisen wie „ermächtigung(en)", „vergewisserungen", „kompositionen", „adoptionen" oder „gefühle nicht für sich".
Breitenfellner untersucht aber auch die konkrete Umgebung, in der das Ich zu Hause ist: seine „tagesträume", „einkleidungen" und „wohnräume". Das Ich bleibt nicht starr, sondern wird flüssig. Und im Tod wird es aufhören zu sein. Damit beschäftigt sich der letzte Abschnitt unter dem Titel „dekomposition". „mich / gibt es / nicht // ich / werde / erde", lautet sein Schluss – und das Ich ist darüber nicht verzweifelt, sondern vielmehr damit einverstanden.

Kirstin Breitenfellner wurde 1966 in Wien geboren, wuchs in Kufstein/Tirol und ab 1972 in Bensheim an der Bergstraße, Deutschland, auf und studierte Germanistik, Philosophie und Russisch an den Universitäten Heidelberg und Wien. Sie lebt und arbeitet seit 1989 in Wien als Autorin von Romanen, Gedichten, Kinderbüchern und Sachbüchern sowie als Journalistin (Falter, Ö1) und Yogalehrerin. Zuletzt erschienen: *reger reigen*. Gedichte (2017), *Bevor die Welt unterging*. Roman (2017), *Das Geheimnis der Schnee-Eule*. Kinderroman (2018), *Was ist Yoga?* (2019), *Maria malt*. Roman (2022) Bei Limbus: *Gemütsstörungen*. Sonette.

Kirstin Breitenfellner

Gedichte ohne ich

Sonette

Limbus Verlag

Gedruckt mit freundlicher Unterstützung der Stadt Wien

Bibliografische Information der Deutschen Nationalbibliothek: Die Deutsche Nationalbibliothek verzeichnet diese Publikation in der Deutschen Nationalbibliografie; detaillierte bibliografische Daten sind im Internet über http://dnb.dnb.de abrufbar.

Einbandillustration: Bianca Tschaikner
Lektorat: Evelyn Bubich
Druck: Finidr, s.r.o.
ISBN 978-3-99039-249-2
www.limbusverlag.at

„Jedes Tier ist mehr oder weniger Mensch, jedes Mineral ist mehr oder weniger Pflanze, jede Pflanze mehr oder weniger Tier. Es gibt keine scharfe Abgrenzung in der Natur … […]. Und ihr redet von Individuen, ihr armseligen Philosophen! Lasst eure Individuen! […] Es gibt keine, nein, es gibt keine! … Es gibt nur ein einziges großes Individuum, das ist das Ganze! “

(Denis Diderot, *D'Alemberts Traum**)

*Zitiert nach: Wolfgang Welsch: *Im Fluss*. Berlin: 2021

inhalt

ermächtigung

ich bin ein usurpator
ergreife meine macht
die wesen, die mich leben
sie haben mich erdacht

erschaffen aus mikroben
verteidigt meine welt
sich selbst auch nur zu loben
das ich hat sie vergällt

es säubert aus
es bleibt allein
so schutzlos

leer das haus
verprellt sich ein
biom

ich bin antrieb
reiner wille
ziellos rief
ich in die stille

meiner selbst laut
ausgesungen
in mir staut
sich ausgewrungen

sinn der wünsche
heißt das ziel
das leben wiegt so viel

es sieht nur rot
heißt doch nur tod
ganz unverbündet

ich bin meine meinung
vertrete sie im netz
mein urteil die befreiung
ein eindruck wird gesetz

die anderen sind ziele
die aus dem boden schießen
der möglichkeiten viele
sie auszuschließen

jeder schreibt allein
schwer abschussgefährdet
entweder oder sein

ihn reißt die herde
das ich bricht ein
dass es ein andres werde

ich selbst zu sein
ein dunkles loch
das ich so klein
es tagträumt noch

wenn es sich denkt
geradeaus und groß
den wagen lenkt
die zügel los

es treibt durchs all
sein universum
einsamkeitenprall

verkehrt herum
sein eigen spielball
sei es drum

das ich erhebt ein joch
heißt ein subjekt willkommen
es existiert nicht oder doch
sich selbst nicht unbenommen

es richtet fein sich ein
in unfreiheit fast eingespurt
es macht sich groß so klein
in das geschirr fest eingezurrt

so schmerzhaft zerrt
verlogen seinen bausch
die richtung sperrt

sich zielgenau gradaus
das ende so entleert
das ich baut sich ein haus

die selbstverkennung
hebt den menschen
aus dem tierreich
die benennung

schielt ihm einen streich
der fehlschluss bindet
schießt sich grenzen
tritt im rad, erfindet

eine seele und zugleich
den glanz der ewigkeit
so selbstverhindert

die entfaltung
bloß vernunftversessen
trugvergessen

ich bin eine wanderung
bin alles, nicht ich selbst
das leben ein mäandern und
es nimmt mich als behelf

die kaulquappe, der ferne stern
sie scheinen in mir auf und gern
verstehen sich nur transportiert
so überlebensfähig giert

das leben nach veränderung
das ich fühlt sich stabil
ich gebe mich mobil

ich bin ein spiel
legende und
selbst schänderung

das ich ist immer tätig
es strebt auf etwas zu
dass es sich selbst bestätigt
es lässt sich nicht in ruh

es gibt sich selbst gestalt
es hat so wenig mut
es sucht an andern halt
es hält sich selbst für gut

ein affe auf bäumen
ein boot in wellenräumen
ein angler im tiefen dunklen

erreger einer selbstversäumung
irrlichtern und funkenfunkeln
ausgebrannt und ausgetrunken

das ich erspürt das unheil
das ego drückt es weg
es legt sich auf die wunden
und gaukelt einen steg

das unheil sucht dich heim
gedankenschwer die haft
das ich kommt nie ins reine
das ego flattert unbedarft

es spielt ein leben vor so froh
verfolgt brutal von der natur
es tanzt und poltert roh

kennt zweifel nicht und stur
löst samtliche probleme so
im blindflug nur

ich bin die zwischenräume
die brücke über sinnesreize
ich fasse sie mit träumen
die mit der klarheit geizen

die wahrheit schmerzt so leer
gefahren bilden hüllen
es fällt nicht allzu schwer
mich mit mir selbst zu füllen

die einladung der leere
die aufgabe der schwere
der lufthunger galeere

ein raum in der zeit
zum wimpernschlag bereit
das ich trotzt ewigkeit

selbsterschaffung

ich wollte alles verstehen
dann war ich allein zu haus
und wollte alles nicht sehen
ich wand mich ganz weit hinaus

der hoffnung gar so bar
stand da so ganz allein
im hof frivol und wahr
und übel fand mich ein

ich wusste kaum wohin
und was zu tun im durch-
gedachten ohne sinn

so fürchterbar die furcht
ich press dem augenblick
das letzte stück

(vom glück)

ich winde mich leicht ein
bin fast ganz zufrieden
ich bin doch nicht allein
um nichts zu finden

lebe ich so gut
so wie ich es auch wollte
ein ziel und heiß die glut
und die revolte

ist schon abgesagt
(mein) leben wird vertagt
die kleine wenigkeit

erscheint mehr und ist genug
bin ich nicht klug
im angesicht

(der ewigkeit)

ich mache einen reim
ich dichte welt, um ganz zu sein
ich lege einen hoffnungskeim
ein anerkennungstänzelein

ich zichte die entschlüsselung
der rettung vor dem nichts, dem tod
ich zähle auf erschütterung
den ausweg aus dem leeren boot

ich setze logiken luzid
komm aus ganz ohne gott
die menschheit ist ein feind

erbaut sich ein schafott
auf gier und neid den suizid
und ich in ungeduld mit ihr vereint

(in schuld)

das wissen schien nicht klar
es sah so sicher aus
als es verborgen war
es brach aus nichts heraus

es zeitigte gefahr
vereitelte die eilung
es warf zurück unmittelbar
den schein von heilung

half dem ich nicht
sprach nicht wahr
erkennt die satzung

des subjekts nicht an, gebricht
an sinn kein avatar
die fratze

(janusgesicht)

ich schreibe mich
mit normen und schablonen
erzähle unterm strich
um mich zu schonen

die menschen reiben sich
seit generationen
sie halten ein gericht
aus narrationen

dichten sich den kern
aus den geschichten
ichwahrheit aus illusionen

das ich ist leer und fern
und richtig auch mitnichten
ich will mich schonen

(selbstgerüchtigt)

ich lebe die verzweiflung
die welt staunt in mich ein
sie weigert eine reifung
hält keinen tag sich rein

ich neide gern den gleichmut
der zielgeratenen passanten
ich bin nur ein strandgut
sie stehen gern zusammen

die menschheit eine horde
die sich goldgut gefällt
nicht jeder darf an bord

und sie hat sich stets verzählt
mein schiffchen ist zerschellt
verspürt an der welt

(fast vergällt)

vergewisserungen

ich bin mein geheimnis
verborgen unter euch
da greift der reim nicht
ich bin verscheucht

spionin des menschseins
verzweiflungskompetent
belohnt nur in wortklein
in meinem element

verrat ist der ichsucht
willkommene nahrung
lange nicht anerkannt

die feigheit der flucht
fußt auf ach viel erfahrung
ich bin davongerannt

ich tanze meinen hunger
er lauert in mir auf
er sitzt in meiner zunge
hetzt mich zum kauf

die leere zu erfüllen
mit schlucken voller gier
die zweifel zu zerknüllen
im jetzt und hier

verlangen gekühlt
stets um sich bemüht
er ist nie gestillt

ich bin stets gewillt
verzichte auf nichts
ein henkergericht

das ich steckt fest im körper
es kann ihn nicht erörtern
das ich ist keine wahl
der körper keine qual

er ist ein hindernis
der dunkelheit figur
er bindetbindet mich
er gibt mir die statur

des menschseins klein
machtlos gesetzt
genuss nie pur

gebettet in natur
die liebe kein geschwätz
verloren und so stur

die welt ist so robust
das ich scheint nicht stabil
was du auch denkst und tust
es hilft – nicht viel

sie dreht sich weiter
kommt auch ohne dich
vielleicht nicht gar so heiter
aus ganz unvermisst

das leben hat beschlossen
der dauer einen schutz
das ich sitzt in der gosse

und das heißt nicht im schmutz
es stärkt so ungewollt die große
kreation, ein baustein ihrer kunst

das ich ist nur ein wort
es sucht sich auch nicht aus
es setzt und brennt sich fort
der folglichkeit voraus

verurteilt und verliebt
sich selbst gewiss verdruss
es lebt in seinem stil
es ist sich notbewusst

verurteilt da zu sein
und suchend nach sich
da entworfen

widerschein
es bucht mich
klar vorausgelaufen

geheimnisse und lügen
die sucht sich zu vergnügen
das ich scheint ein gesicht
es setzt die welt ins licht

das bild ist eingefroren
das selbst spiegelverloren
gesichter glanzgestellt
der vorhang hebt sich und er fällt

die zeit fest angehalten
um wahrheit zu verstalten
verspuren zufallstief

die aufgemalten
emotionsgedanken spalten
dieses ich so schief

das ich erstickt im wir
der ansprüche profund
rund zwischen dir und dir
es wird nicht mehr gesund

das ich ist immer krank
es war noch nie immun
sein herzenskern so blank
hat abwehrviel zu tun

es ist sich selbst so nah
rein unzerstörbar wandelbar
beständig nur zum schein

selbst stark und hoch infektiös
ein wettbewerbsgetös
erregter erreger nie allein

ich lass mich
von uns scheiden
ich komme
nicht zur ruh

ich hänge schlicht
am seidenen
faden ich träume
der täter bist du

ich schlüpfe in dich ein
die räume sind so klein
der ring hat keinen spalt

der kampf ist viel zu alt
die lösung niemals nah
und unerschwinglich unsichtbar

kompositionen

der ichmacher sagt
du bist ein subjekt
der rest wird vertagt
das ich ist ein fest

es feiert sich ein
bekommt nie genug
tagt nächtens allein
sich selbst ein betrug

verliebt in konzepte
das wissen prägt ein
so gerne rezeptiv

verwahrt doch den schein
klaubt selbst sich und weigert
bedeutsam versteigert

das bild versucht das ich
es braucht ein hindernis
kommt bald allein zurecht
stellt alles vor gericht

das ich sucht sich ein schild
es schafft sich ein idol
auf dem das eis zerbricht
es tanzt darauf frivol

für den moment allein
stabil auf einem bein
es spiegelt schlicht

sich aus vergangenheit
es glaubt sich so gescheit
sieht doppelgänger nicht

das ich ersteht im wir
verliert sich ohne dich
es fließt und existiert
nicht spricht und sticht

erzeichnet einen strich
webt sätze zwischen
uns verstand gebricht
klebt sich entzwei verblichen

meine kunst
der wunsch
für mich

die gunst
ein fund
für dich

wir schauen in den abgrund
lass uns gemeinsam ruhn
die schwerkraft brummt
uns beiden den einen punkt

von dem wir springen
wollen singen
trudelnd schreiben
schwindelnd speiben

das netz entspannt
die sicherung
balance

die chance
wir kichern
im absprung

die beine schreiten forsch zur tat
die ungeduld reicht zu den fersen
fingerklamm und zehenkalt
die tatorgane möchten bersten

schultern starr und hüften steif
verhalten lust ganz fest zusammen
setzen sinnesdaten gar nicht reif
sie sollen von den sternen stammen

dort oben ist es stumm und still
das weltall scheint so leer
der wille schreit so laut ich will

der geist hält sich an zeiten schwer
er hat den körper schon versehrt
gellt in der brust ein universum

bewegung wohnt auch in steinen
sie reißt den erdenmantel auf
fließt abwärts von alleine
und lässt wassern ihren lauf

der baum erschafft den regen
die pflanzen führen ein leben
aus einer zelle in die vielen
baut die bakterie sich kolonien

das ich spielt nur zeitweise gast
macht in den zellen fette rast
sie haben es sich erschaffen

und können es auch wieder lassen
das leben erkor sich das ich
und findet, es braucht es doch nicht

adoptionen

das bündel schreit erbärmlich
es hat sich adoptiert
so klein und blass und schmerzlich
sieht kaum die farben, giert

nach leben, nach sich selbst
es setzt sich auf die spur
mit forderungen wälzt
sich vorwärts stur

die eltern tragen es voran
es nimmt so selbstverständlich
sie schmieden einen plan

es ignoriert nicht gänzlich
seine umwelt, seinen klan
es nimmt die welt gleich an

(in grenzen)

das mädchen springt sich einen tag
es baut sich eine welt aus krumen
sieht den graben und es fragt
nicht springt die stummen

blicke und hält ein von selbst
es denkt die andern mit und fühlt
in ihnen weiter und zurück so gelb
die sonne seiner bildung kühlt

den mut es muss den trieb
erhalten in den raum behaupten
wirkt zu schnell zu lieb

es ist geliebt und steht nun auf
es sammelt, was ihm blieb
und geht voraus

(zur frau)

der mann, das kind, die liebe
die freundin, lehrer und die diebe
die ichsamkeit so einsam im gefühl
kämpft sich ab in hängigkeiten viele

atemzüge werden jahre
sie sieht verstrichen immer klarer
vergangenheit wird zu gestalt und ware
für das bild des selbst als bare

münze ausgeprägt von der realität
der handlungen und sätze spät
die wirklichkeit und das gefüge

aus materie, aus mensch, aus streit und lüge
nie allein und selbst und ständig
eine andere, ein andres leben zur genüge

(es ist nie zu spät)

im alter wächst die zeit so unermesslich
das leben staut sich ein im überblick
das streben schaut zurück
es wird vergesslich

trinkt der reue gift
so unverdaulich
zwingt den tag zum glück
die treue nicht vertraulich

sieht die zeit
die ewigkeit
bereit

im streit
noch unversöhnlich
stöhnt das ich

(im frieden)

tagesträume

der tag ein auf und ab
die emotionen schwimmen
das ich steigt aus dem grab
versucht sich zu erklimmen

die melodie erklingt
schon bald vertraut
das lied, das selbst sich singt
dem andern abgeschaut

du wärst so gern allein
und spielst mit seinen noten
gewichtig wie ein stein

das ich fließt, ängstet ein
es zimmert einen schrein
für seine toten

der morgen fängt sich ein gedicht
es lagert auf der zunge
es rechnet auf dem sonnenlicht
durchs fenster eingedrungen

die träume schwarz belegen
das taube noch im ohr
die zweifel regen sich und hegen
verdunkelte gedanken und bevor

du aufstehst geht die welt
schon klanglos unter
der kreislauf stottert, hält

dich auf, du stolperst munter
werdend in den tag, es schellt
das leben und wird bunter

die mittagsstunde ein zenit
verspricht dem tag den kitt
ein mahl als hochgenuss
doch lange noch kein kuss

die arbeitszeit so un-
barmherzig saugt dich aus
verspielt den nachmittag und
leicht verscherzt blickt sie voraus

in eine zukunft rar vergnüglich
der abend schießt den lohn
im vorhinein nicht unverzüglich

dräut am horizont schon
die belohnung, dieser klon
das tagesende füglich

der nachmittag kippt in den schlaf
die müdigkeit sitzt überm bauch
das liegen widersetzt sich vertikal
der tagtraum fängt auf dich in rauch

die pflicht ein hürdenlauf
verstolpert sich und stockt
reserven für den abend auf
der herzschlag bockt

springt an und bäumt sich auf
geschäftigkeit verheißt der plan
zum abendbrot bist du wach

ebbst langsam in die nacht hinaus
der atem wird schon flach
es war ein tag

der frühe abend wartet spät
der tag verweht noch lange
nicht erwartung prall vergeht
hat noch nicht angefangen

die zwischenzeit so ungestimmt
erfüllt nicht die verplanung
die form verschwimmt
in dieser welle eine ahnung

prophezeit unhaltbarkeit
der abend sucht ein kleid
und sei es ein kostüm

entscheide dich bereit
für eine ankunft unverblümt
der mußestunden unbereut

am abend die befreiung
des tagesjochs verbracht
sie neigt sich nicht zur neige
du nimmst dich nicht in acht

der wein im glas so voll
genießen scheint ein muss
du weißt nicht, was du sollst
der raum eröffnet einen kuss

die leichtigkeit vergeht
so schnell wie schon genossen
das rad der zeit bleibt stehn

du hast es so beschlossen
für ein paar stunden gähnt
das ich im wir umschlossen

die nacht wiegt schwer
zieht dich bergab
sie ist ein schießgewehr
ein spießgeselle, schiefes grab

die glieder sind zerflossen
die auferstehung undenkbar
der sinn schon bald zerschossen
gedanken kreisen unlenkbar

im zwischenreich brüskiert
die logik meint zu schlafen
da prallt ein zufall ungeniert

ideen laufen auf im hafen
ihre lagerung wird stets riskiert
sie liegen und sie klaffen

der tag träumt seinen nachtsaum
das ich verschafft sich stauraum
als kombinieren und arena
es denkt sich in gewöhnung

eingebungen lagern auf matratzen
von wirklichkeiten arg zerkratzt
die selbstsucht verübt nie verrat
vermisst an anderen die tat

als un- und auch als rache für das fehlen
der anerkennung eingebildet
hustet ach und weh sich eine kehle

singt aus vollem halse sich ein sehnen
nach sich selbst voll eingeblindet
und richtet dem ich eine seele

(rock)

er bauscht den beinen
einen wind der freiheit
kind so hart wie leinen
einen schrei heut

schürzt sich rein ins volle
leben eine rolle unge-
hindert unverzollt
freiwillig und ver-

bindlich eine reibung
lautlos raschelt
sommerlich verprasst

er laufend eine neigung
singt ein sturmlied fast
der haut aufs neue überrascht

(bluse)

der stoff so zart und steif
er formt figuren reif
behutsam eingehüllt
das muster fühlt

den traum der blume aus
die streifen, karos auch
und farben ohne ende
unten schaun die hände

greifen in den raum
ein bild und kaum
ein schutz so nichtig

schleierhaft erstaunt
fast durchgesichtig
abgetragen richtig

(kleid)

so elegant wie kurz
und lang sein schweif
weht himmelwärts
und bodenlang bereift

in flug und sturz
ein punkt im streif
ein ernster scherz
stellt fragen breit

es fließt ein gruß
der hüfte muss
von brust zu fuß

rundein gehüllt
gewebt als tüll
sich selbst erfüllt

(hose)

er hat sie an
sie zieht sie aus
zwei beine stramm
die welt hinaus

begegnung trefflich
zippverschluss
sie fressen sich
per reibung und verlust

der schaft so eng
kaum auszuschreiten
wohlbestrumpft

die mäßigkeit geschenkt
kaum abzustreiten
modetrumpf

(bikini)

die sonne scheint
gern auf den nabel
der bauch vergleicht
sich einem kabel

weit zum gestirn hinauf
zu mutter (erde) runter
verbindungen wohlauf
ein kahn und bunter

glänzt das wasser blau
der sprung so unterkühlt
im herzen grau der stau

sommerheiß durchwühlt
es gleißt und schaut
in zwei geteilt vergnügt

(fell)

ich bin ein tier
doch ohne pelz
gibt wärme mir
die haare stellts

am nacken auf
die reibung heiß
nimmt mich in kauf
der sinne reiz

macht halt vorm du
ein wesen lebt in mir
es macht die augen zu

als ich und wir dazu
materie mit gier
ein menschentier

(nachtgewand)

der schlaf braucht
keine kleidung
der traum macht
dich gern leiden

das hemd verschwitzt
das hirn verloren
am tagrand sitzt
ganz unverfroren

angsterfrischt
und geistbereit
die nacht empfängt

die dämmerung
verdrängt
und ganz verwischt

das ich kreiert die marke
sie pflegt dich bald zum tode
der laufsteg in der barke
ist eine schau der mode

im modus, den wir leben
verkleidet ich und welt
kann es kein ergebnis geben
als dass der vorhang fällt

das ich verliert den anschluss
die eitelkeit im diesseits
verlangt den großen mantel

das schweigen bricht bereits sich
im wasserspiegel endlos
das neigen versagt dem jenseits

(der blendung)

(tisch)

er hält den ellenbogen
und die hand ans kinn
er steht ganz unverlogen
gibt der statik einen sinn

ein nacktes medium für die gedanken
unausgefüllt assoziationsumhüllt
gemütszustände wütend schwanken
und das hirn ist zugemüllt

er steht so freimütig
vorm stuhl, hat zeit zu warten
er hält den keim verhütet

reine lebensarten
ungeduldig martern
die ideen ausgeblütet

(schrank)

ein kasten für die sorgen
verschließe dich so fein
sortiert wird so erst morgen
ich schließe ordnung ein

es staut sich das gedächtnis
in fächern überlagert
die sammlung kein vermächtnis
bedürfnis unbefragt auch

in schubladen, an stangen
es hängt so abgehangen
zerfressen von der zeit

er hat sein aus und langen
materiebefangen
kein kleid der ewigkeit

(sofa)

belohnung federt ab den tag
verschont das rückgrat glatt
was auch noch kommen mag
setzt dich derweil schachmatt

versunken und bequem verbogen
fängt es auf dich weich gebettet
bist du um den tag betrogen
deine haut noch lange nicht gerettet

geschäftigkeitenlos im zwischenreich
dem schlaf und träumen zugespielt
bekräftigt und verschont zugleich

bereitung vorverrückt schielt
schon ins bett die nachtruh feucht
gefräßig und versoffen und so bleich

(bett)

du liegst so hart
die decke schwert
die träume klar
und fliegenswert

so weich umschmiegt
der alb drückt fort
die schwerkraft siegt
an jedem ort

die zuflucht klein
und temporär
sie löscht die zeit

inflationär
sie hält das sein
in ruhe mehr

gefühle nicht für sich

die ansteckung heißt angst
gehorchsam auf die zahl
auch du bist bald schon dran
der sinn so eigen illegal

wer sucht, der findet schuld
die ansteckung straft alle
wer jagt, verliert geduld
kontrolle baut die falle

ein trickster bringt kultur
geriert sich als ein gott
die todesfurcht ein tor

ein terror unvereint
ein schelm und bald nur leid
zu freiheit nicht befreit

pandemisch fehlt schon
mehr und mehr personen
für diese jene alle
jegliches verständnis

endemisch wählt nun
jeder die verkronung
für dieses jenes alles
gerne die begrenzung

vermauert in beschuldigung
von morden schwer bezichtigt
so fürwitzig minus verstand

der andere ein zellverband
und höchstens eine duldung
wer wäscht die andre hand

die würde hat kein zweites leben
geborensein erzielt ein ende
so folglich ist der tod gegeben
er reicht der würde seine hände

es existiert kein höchstes gut
das nichts kann es erlösen
den preis dafür bezahlt der mut
er widersteht dem bösen

der wettbewerb im reingewissen
aufgebahrt im ruhekissen
schüttert ihre stille

die flamme rüttelt fest am willen
klarsichtbar emporgerissen
fatalismen hissend

die weltgeschichte schreibt
sich fraglos in mich ein
der seelenspiegel schweigt
sich aus, ein widerschein

so fremd prägt meine angst
die wahrnehmung in glyphen
das gestern macht das heute ganz
unautonom und die ruinen schief

verstellen einen lebensplan
so melancholisch eigentlich
und unbezwingbar eine bastion

aus tatsachen, sie leeren mich
und sprechen forsch mich an
die antwort ist noch keine illusion

ich bin von wesen durchdrungen
umgeben, aus ihnen gemacht
die unwelt scheint fern und
gelungen, sie ist aus mir gedacht

ich bin nicht aus der welt
die unterscheidung wohnt ihr inne
die zelle, die bakterie, das zelt
des himmels, seiner luft, die sinne

das universum wohnt in mir
sein wasserstoff, die kohle
die augen sind nur das geschirr

die haut, das ohr und ohne
anverwandlung explodiert
die ungestalt aus der schablone

die angst eckt an den andern blind
die angst, sie hat die angst zum kind
sie grast und siert so ungeniert
die ängstigung wird ernst geschürt

sie war schon immer da und setzt sich obenauf
sie war noch niemals klar und steuert den verlauf
sie gräbt ein loch, erkenntnissen zum trotz
sie zieht sich hoch, sie legt sich selbst das joch

und schafft die fakten, hindert das zurück
sie steift den nacken, bläst die nüstern
einen atem tropfenreich verdorben und verweint

sie kleint die hoffnung und verneint
das leben stickt den fortschritt, zückt
das messer, fuchtelt düster lüstern selbstverliebt

(ein tagedieb)

kontrolle schafft sich eine macht
sie hält die emotion so gut in schach
sie stellt verbote hoch hinaus
fällt aus dem lot ein todeshauch

vergiftet offen und zum schutz
schwingt auf sich über eigennutz
regiert gefühle unverschämt
agiert beschleunigt und gelähmt

sie hört nicht auf, dich aufzuklauben
schwört sich ein auf ihren glauben
starrt so stier, das opfer sucht sie hier

verstößt am weg, an klippe und an steg
den schuldigen verursacht eine gier
ihr rausch grenzt an den zahlenzauber

(und ein privileg)

der neid klebt eine hierarchie
von hochmut und verachtung
das leid versteckt und zeigt sich nie
es frisst dich auf, hab achtung

weltgerangel aufstiegsbange
spielt die rolle ein gericht
die scham zerfällt noch lange
im geheimnis ohne ein gesicht

verwuchert im verborgenen
er scheut so sehr das licht
lässt wunden nie versorgen

und verheilen schweige doch
versteht sich nicht auf morgen
glüht sich aus dem schwarzen loch

(in finsternis)

dekomposition

mein hirn denkt ohne mich
es hält mich außen fest
es braucht mich nicht
es singt duett

die willenskraft ficht
eisern ein duell
mit mir, wer bin ich
sind wir ein kartell

des überlebens
schreiben uns hinauf
wir lösen uns vergebens

voneinander raufen
uns das haar
ein paar, ein lauf

das ich hat keine macht
geschichte klärt nicht auf
es stehn so viele wacht
sie lassen dich nicht aus

das ich ist eine macht
geschichte baut es auf
für dich steht keiner wacht
sie stoßen dich bald aus

das menschgebaren fault
die erde kocht und schwitzt
im kern schon hocherhitzt

der mensch spielt einen trick
die macht ist illusion, verschaut
verbunden mit sich selbst der blick

ich muss die order erfüllen
mich in mich einzuhüllen
die formen frei anzuvernehmen
die ich mir eilends vorausgegeben

folgenderweise verfolge den willen
mich mit mir selbst nur zu stillen
steh mir zuwider in wind und regen
kaum im raum stets voll zugegen

wie andere plump nur ich selbst
ein urelement unteilbar ungebremst
so weltenvoll und einsam wandelbar

ein wasserstoff, ein baustein bloß
ein leichtgewicht, ein monolith groß groß
und dehnbar hänge fest an einem haar

dem ich schuldet niemand respekt
es hat sich über alles gesetzt
von dort verlangt es huldigung
es hungert nach der schuldigung

sie steht ihm zu stets unverbührt
es sonnt im finstern ungerührt
sein zentrum kaum magnetisch
stürzt ins schwarze loch des nichts

ein fixstern wandelunbar unbeweglich
aus der sicht des an und für mich
ist das ich sich selbst nicht redlich

schlüpft und schwimmt ein fisch
verschlingt sich durch das leben
scheint sich mindest selbst gegeben

die sinne ziehen sich
nie freiwillig zurück
sie sitzen zu gericht
und morsen klar verrückt

auf mich bezogen rasch
verstellen ungemein
verspiegelt und vernascht
bedeutsamkeit allein

erscheint so gut bestückt
und stellt sich in ein licht
sie leuchtet welt und lückt

die wahrheit auf das ich
es leert sich in die fülle
und sieht so kein gesicht

das ich ist die bezauberung
ein mensch zu sein erlaubt
sich die behauptung selbst
verloren aufgegeben seiner

zeit verschwendung viel
und bar des einen ziels
es zählt, was ihm gefällt
die zeit wird kleiner

unbefleckt
ist sich beglaubigung
dahinter keine welt

gewesenheit der schein
mit sich nur allein
und ohne zweck

am ende verdämmert das ich
zerfällt sich zusammen ins mich
am ende verlebt sich der wille
das ich richtet ein sich in stille

die sinne ziehen sich zurück ins kind
gedanken verkreiseln im wind
der vergangenheit, ihre gestalten
schreiben sich über die niealten

sich angleichenderen ideen
die zukunft ist kaum mehr zu sehen
das leben gewinnt eine form

und im fortzugehenden gehen
wird das ich sich zu einem lehen
verschreibt sich selbst eine norm

das junge will auch nach dem tod leben
als sei ihm das ewigkeitskleid mitgegeben
das leben baut diesen ruhm langsam ab
das leben nimmt man nicht mit in das grab

das alter dehnt sich und lehnt an die zeit
es pfeift sich selbst und der endlosigkeit
den stillstand so kühlkühn entgegen
das ende kommt mehr ihm gelegen

entfernt sich so nah es auch rückt
die zeit wächst und wächst so beglückt
im auge der augenblickszelle

so gänzlich entnormt und verrückt
aus augenblicken fein bestückt
es leuchtet jetzt so helle

das leben lässt den einzelnen
so eiskalt glanz im stich
entwickelt auch im kleinsten
sich voran und gern zurück

das wissen flüchtet
sich ins all, vernichtet mich
das streben scheint verzichtbar
lichtet sich verrückt und klar

die wahrnehmung umsonst
erkenntnis tut auch weh
das ende ist die front

und nicht der weg
der grat kein steg
und horizont

die wörter verlängern die zeit
die lesung macht dich bereit
sie wirft dich auf dich zurück
sie verglühen stück für stück

das gedicht gräbt aus vergangenheit
die bedeutung der wortkörper im streit
verschwimmt und gerät aus dem blick
und die schönheit trifft dich im genick

das sonett singt sich in form
es gürtet und schürzt eine norm
es tanzt sich im kreis verrückt

es hat dich im zoom verzückt
erobert dich im sturm sofort
und du bleibst ewig dort

ein streben
borgen
ein gericht
vorauszubangen

dem erleben
am morgen
ein gedicht
abzuverlangen

sich selbst
versuchen
unverstellt

den anderen
verbuchen
meine welt

das ich ist kurz
die andern viele
ein flug und sturz
sie haben ziele

die ichs bedrohen
sich die gegenseite
ja sie verrohen
jeder eine geige

ich bin
kein solitär
mein kinn

erhebt sich schwer
kann nicht umhin
es wird nicht mehr

der wahnsinn erlöst das ich
aus himmelsweltbanden
es setzt sich absolut für sich
die anderen abhanden

gewissheit stickt die zweifel
verbeißt sich an der wirklichkeit
sie haut gebote, hegt geheiße
allmachtsbereit und befreit

der wahnsinn erstickt das ich
in seiner fixierung mitnichten
die allmacht vergewissert nicht

das ich in bindungen, geflechten
die einsamkeit wird bald so weiß
das hingewunderte verliert sein licht

(gebricht)

die rastsamkeit
wird einmal ruhn
die achtsamkeit

verkehrt herum
das ich ein kleid
es fragt warum

ein einstig ich
gewesen sein
es tröstet dich
(verwundbar klein)

dann bleiben taten
wie vorschuss an ruhm
das warten und raten
(ich gab mir mein tun)

wozu brauche
ich ein ich
wer hat mich
adoptiert

ich trage ab
die schichten schlicht
den kern ummantelt
ein gedicht

mich
gibt es
nicht

ich
werde
erde

Kreisel

Der Titel ist ein Rätsel, auch mir selbst. „Gedichte ohne ich“ heißt er, das wusste ich von Anfang an. Aber wie kann das sein, wenn gleich die ersten drei Gedichte mit dem Wort „ich“ anheben? „ich bin ein usurpator“, „ich bin antrieb“, „ich bin meine meinung“ scheinen eine starke Ansage zu machen und das Ich mit Macht auszustatten. Der Kapitelname „ermächtigung“ weist in dieselbe Richtung. Aber schon das vierte Gedicht nennt das Ich ein „dunkles loch“.

Das Ich ist dasjenige Subjekt, dessen man sich stets vergewissern muss. Auch dieser Satz scheint widersprüchlich. Ist das Ich ein Subjekt oder ein Objekt? Ist das Ich zu greifen? In Friedenszeiten könnte man das oft glauben. Sie verleiten zu hochfahrenden Zukunftshoffnungen, fröhlicher Selbstverliebtheit und verspielten

Wettbewerben, und das Ich kann in ihnen eine Spielwiese bieten, eine Möglichkeit des Ausdrucks und die Gelegenheit, einen Abdruck zu hinterlassen. Seht her, das bin ich! In Krisenzeiten hingegen – ob in Epidemien, Kriegen oder Naturkatastrophen – gerät das Ich in Bedrängnis, selbst wenn es nicht unmittelbar betroffen zu sein scheint.

Von einer fünfundsiebzig Jahre währenden Nachkriegszeit verwöhnt, glaubt es noch eine Weile, ein Zentrum darzustellen, von Belang zu sein. Und muss schmerzhaft erkennen, dass das Kollektiv es mir nichts, dir nichts degradieren kann. Zu einem kleinen Rädchen in einem Getriebe, dessen Richtung und Ziel es nicht kennt. Zu einem Feind, der ausgeschlossen werden kann, zur Erleichterung aller anderen. Sich nach innen zurückzuziehen, stellt keinen Schutz dar. Die Wände eines Schneckenhauses sind zerbrechlich. Auf den Wachtturm zu klettern, von dem aus nach Feinden und schädlichen Subjekten gesucht wird, bietet ebenfalls keine Sicherheit. Allenfalls die Illusion, auf der richtigen Seite zu stehen.

Wenn die Umwelt bedrohlich wird, baut das Ich sich Bastionen. Auch weil es seiner selbst nicht mehr sicher ist. Auch weil es sich nicht mehr sicher fühlt. Das Ich wird zum Gefängnis. Es hüllt sich ein in Wut, Enttäuschung und Trauer, es salbt sich mit Einsamkeiten und baut sich ein Nest aus Erinnerungen, Verkleidungen und kleinen Fluchten. Es übt, sich aus der Menschheitsgeschichte zu entfernen, je mehr, desto klarer es begreift, dass es in deren gewaltsamem, richtungslosem Strom zermalmt werden kann. Und dann nicht mehr existiert, so als ob es nie real gewesen wäre.

Das Geschäft der Dichtung besteht in der Aufrechterhaltung des Zweifels. Darin stimmt es mit der Wissenschaft überein. Das menschliche Gehirn arbeitet sich zwar an der Realität ab, aber nicht um sie abzubilden, sondern um eine Zukunft zu projizieren, die immer noch unbekannt ist und selbst mit einer Präzisionsmaschine nicht vorhergesehen werden könnte.* Das Einzige, was wir haben, ist das sich selbst suchende, sich an andere herantastende, sich von ihnen abstoßende, das deutende Selbst, einen Kreisel, der sich um die eigene Achse dreht und irgendwann zum Stillstand kommen wird.

Es bleibt ihm nichts anderes übrig, als sich in die Bedingungen des Menschseins einzufinden, einen Tanz auf dem Vulkan, heiß und eruptiv. Dieser Bedrohung kann sich das Ich manchmal nur stellen, indem es auf eine Form der Magie zurückgreift: auf Worte, die sich zu Versen gruppieren, nicht um Aussagen zu treffen, sondern um eine Gefahr zu bannen. Worte bauen Nester aus Sinn, selbst wenn sie Un-Sinn zu begreifen versuchen.

Worte sind Zaubersprüche, die ein Wesen aus Fleisch und Blut und grauer Masse auflösen in etwas Unantastbares, in schwarze Lettern auf weißem Grund, eine Botschaft an sich selbst und alle, die es betreffen mag, die sich treffen lassen wollen von Worten und sich einhüllen in ihre immateriellen Gesänge, in ihr aussichtsloses Aufbegehren, in die tröstliche Gewissheit, dass es mehr als ein Gehirn braucht, um eine Sprache zu erschaffen, um einen menschlichen Geist zu kreieren. In die Vorstellung, nicht allein zu sein.

Wer an diesem Aufbegehren, an dieser Vorstellung partizipiert, darf sich für sich selbst halten und kann doch wissen, dass er aus den anderen geformt wird. Er, sie, es, wir, ihr, sie. Wir und ihr, du und ich. Das kreiselnde Ich rotiert um die eigene Achse, weil es weiß, dass es, wenn es die anderen berühren würde, zum Sturz und zur Ruhe käme.

Wenn man Dichtung als Kunst der unzureichenden Vergleiche versteht, die aber trotzdem ins Schwarze treffen können, ist alles dieses Behauptete nicht wahr und trotzdem richtig – als eine Musik, die die Aussichtslosigkeit des Daseins in Klang zu verwandeln oder zumindest einzuhüllen und ihr einen Dreh zu geben vermag, der sie aussehen lässt, als ob sie tanzen würde.

Die strenge Form des Sonetts – oft als Gefängnis angesehen – dient dabei als Korsett, als Stabilisationsfaktor, als Erinnerung an die Tatsache, dass das Ich nur durch Vorgegebenheiten,

Zwänge und Gefahren zu sich selbst finden kann, in eine vibrierende Stille inmitten einer anscheinenden Schwerelosigkeit, die irgendwann der Schwerkraft zum Opfer fallen wird und aufhören wird zu sein.

Die strenge Form des Sonetts verleitet dazu, in den beiden Quartetten einen Schauplatz zu eröffnen oder vielmehr zu simulieren, eine Versuchsanordnung zu erstellen, um in den beiden Terzetten Konklusionen daraus zu ziehen. Dass diese Gedankenschlüsse nicht zu einer Wahrheit und nicht einmal zu Wahrheiten führen, sondern um ein Zentrum tanzen, das sich nicht fassen lässt, weil sein stetes Bewegtsein zu seinen Überlebensbedingungen gehört, macht ihren Reiz aus.
Doch dann und wann geschieht das Wunder, dass in diesem Gesang, in diesem Klinggedicht mit geliehenen Wörtern und überlieferten Formen entgegen aller Wahrscheinlichkeit etwas Neues und, zumindest für eine Zeitlang, etwas Eigenes entsteht. Oder zumindest die Erinnerung daran. Ein Gedicht ohne ich.

ich trage ab
die schichten schlicht
den kern ummantelt
ein gedicht

mich
gibt es
nicht

* Lisa Feldman Barrett: *Wie Gefühle entstehen. Eine neue Sicht auf unsere Emotionen.* Hamburg: 2023